Las *divas* de mi barrio

Las divas de mi barrio

Carmen L. Montañez

Copyright © 2012 por Carmen L. Montañez.

Portada (cover)
Foto de Hannah Switzer tomada por Juan Carlos Montañez

Número de Control de la Biblioteca del Congreso de EE. UU.:	2012902742
ISBN: Tapa Dura	978-1-4633-2110-9
Tapa Blanda	978-1-4633-2109-3
Libro Electrónico	978-1-4633-2108-6

Todos los derechos reservados. Ninguna parte de este libro puede ser reproducida o transmitida de cualquier forma o por cualquier medio, electrónico o mecánico, incluyendo fotocopia, grabación, o por cualquier sistema de almacenamiento y recuperación, sin permiso escrito del propietario del copyright.

Esta es una obra de ficción. Cualquier parecido con la realidad es mera coincidencia. Todos los personajes, nombres, hechos, organizaciones y diálogos en esta novela son o bien producto de la imaginación del autor o han sido utilizados en esta obra de manera ficticia.

Este Libro fue impreso en los Estados Unidos de América.

Para pedidos de copias adicionales de este libro, por favor contacte con:
Palibrio
1663 Liberty Drive
Suite 200
Bloomington, IN 47403
Llamadas desde los EE.UU. 877.407.5847
Llamadas internacionales +1.812.671.9757
Fax: +1.812.355.1576
ventas@palibrio.com
387112

INDICE

1 Amalia la viajera 11
2 María, la menos puta 17
3 Doña Maximina la business woman 25
4 Principio de una vida 31
5 María del Pilar, compradora de ideas…............. 37
6 Doña Virginia la curandera 49
7 Ana Flecha 55
8 Plegaria al Santo Patrón 61
9 Doña Maria la que plancha 67
10 Declaración antes de una posible perpetua 75

Mi barrio

Mi barrio, mi querido barrio,
¡cuántos recuerdos guardo de ti!
Barrio, por qué te has ido
sin la esperanza de volver a ti.

Mi barrio ando buscando,
mi barrio me está llamando.

Mi barrio, mi querido barrio,
hoy te has marchado,
no tengo más que soñar
con tu calles y tus callejones
que cuando niño solía transitar.

Mi barrio ando buscando,
mi barrio me está llamando.

Pero en mi barrio
hoy sólo quedan recuerdos gratos
y cenizas del ayer.

Mi barrio ando buscando,
mi barrio me está llamando.

Héctor M. Cotto Falcón *(Q.e.p.d.)*
Poesías para recordar un pasado (1996)

**En memoria de Pichi y mis padres,
Pablo y Mayita.**

**Con todo mi amor, respeto y agradecimiento
—para mi Charlie.**

1

Amalia la viajera

Aquel sombrerito rosado era testigo de que Amalia había viajado al extranjero. Era un sombrerito monísimo, con unas florecitas también rosadas al lado izquierdo que le daba un aire de primavera. Junto al sombrero también guardaba los guantes cortos de un rosado pálido haciendo juego con el mismo. Siempre que añoraba viajar buscaba estas prendas, se ponía frente al espejo y se probaba una vez más el sombrero y los guantes. Este acto le servía de escape a lo cotidiano y tedios de su vida. ¿Viajar? No era su sueño cuando niña. Cuando adolescente se interesó poco a poco en viajar, ver otros mundos. Toda esta idea vino lentamente, hojeando revistas, magazines, leyendo la sección de viaje de los periódicos que ávidamente leía todos los domingos. Durante la preparatoria fue la geografía su asignatura preferida, y luego tomó cursos universitarios para ser maestra, especializándose en la amada geografía; y, maestra de geografía fue toda su vida. Una maestra que hacía que sus estudiantes, desde sus asientos, viajaran ilusionados alrededor del planeta, sin mochilas, sin dinero; sólo necesitaban ambicionar dar un viaje, tener deseos de vivir una aventura imaginaria. De esta forma, Amalia les dejaba una herencia muy valiosa: viajar sin mover un dedo, sólo su imaginación. Además, sus estudiantes llegaban a leer y conocer el mapa del mundo como sus propias palmas de las manos.

Vivía en una casa modesta, pero llena de ilusiones y sorpresas cada vez que Amalia leía un artículo de otro país o admiraba una foto de un lugar cualquiera. No sabía desde cuando comenzó esta diversión, pero todos los domingos lucía el mejor vestido que tuviera, sin prisa se ponía sus guantes cortos y ajustaba en su cabeza cuidadosamente el sombrerito rosado. Luego, se sentaba en el balcón a saborear ese viaje imaginario que emprendía sola. No necesitaba compañía, solamente una imaginación más extensa que el mismo universo y la taza de té que se servía en unas tacitas francesas adornadas con ribetes de florecitas rosadas y amarillas, ordenadas por catálogo.

Así viajó por toda Europa. En Londres se paseó por el Castillo de Buckingham, qué pena que no pudo ver a la Reina; luego se fue a la Abadía de Westminster. En Roma, visitó al Papa y corrió todo el Vaticano. Otro día en Francia, donde quedó deslumbrada con el Arco del Triunfo, y luego se retrató de cuerpo entero en la Torre de Eiffel, no quería perder nada.

Otro día, Rusia, con la plaza más grande del mundo. No dejó de visitar a China y tratar de imitar a sus mujeres caminando de saltitos en saltitos; la India, con olores exquisitos en cada rincón, donde se hizo pintar un *henna* de color rojizo en cada mano, para imaginarse la protegida por el gran Baal. En África se fue de expedición y allí tocó las caritas de unos niños de ojos enormes y dientes de perlas.

En España visitó todos los rincones que la historia presenta. Se sentó en las escalinatas del monumento dedicado a Cervantes, corrió toda la Gran Vía y no se perdió de admirar La Giralda, La Mezquita y sin dejar de visitar Ávila y admirar la casa de Santa Teresa de Jesús donde se encontró con una gitana que quiso leer su mano, pero a Amalia nunca le interesó saber su futuro. Subió a Segovia y justo al lado del Acueducto se comió un cochinillo en el Mesón de Cándido. Mientras estaba en Segovia, da la casualidad que el Príncipe Felipe visitaba la ciudad, y Amalia se quedó perpleja de su gran estatura.

En otra ocasión, corrió toda la Argentina y luego Los Andes; en Venezuela visitó la casa de Bolívar. En el Caribe, ni pensar dejar de visitar Cuba y República Dominicana y todas las demás islas para conocer a un gentío con una mixtura de colores y lenguas. Eso sí, siempre regresaba a la isla más hospitalaria, donde el "Ay, bendito" está en la boca de la gente más multicolor y más multifacética del planeta. Ahí daba unos viajes cortos en los días calurosos que no le permitían estar toda una tarde en el balcón. Si el deseo del día era ir a la playa, por supuesto, no tenía que ir muy lejos, allí estaba Luquillo, donde se recostaba de una palmera para admirar el mar bruñido y azul. Además, no podía desairar a su isla, su paisaje lo tenía siempre presente entre viaje y viaje.

Así, viajando de aquí para allá, llegó ese domingo en el que se culminarían todos sus viajes. Como siempre se sentó en su sillón. Se puso su traje floreado de colores brillantes, su favorito; se colocó minuciosamente su sombrerito, sus guantes uno a uno se los acomodó en sus dedos viejos llenos de letras y acciones terminadas. Miró al cielo y se dijo "sé que éste es un viaje sin regreso." Comenzó a balancearse suavemente en su sillón, sin prisa, llena de recuerdos, llena de aventuras, llena de una vida vivida en una imaginación más grande que el universo.

2

María, la menos puta

La ansiedad de caminar le nació a María siendo jovencita, casi una niña, una estudiante con la ilusión de ser maestra. Un día, se levantó de su cama y tomó calle arriba porque la calle la llamó por su nombre y apellido. Sus padres la buscaron desesperadamente, cavilando miles de suposiciones; le preguntaron a todos los vecinos cercanos y lejanos, quienes le dieron noticias vagas de María. Algunos mencionaron haber visto subir a la niña calle arriba con la ropa de dormir, despeinada y se miraba soñolienta. Los padres fueron al Cuartel de la Policía, allí la reportaron perdida. Los uniformados tomaron nota de todas sus señas, hicieron las preguntas de rigor: si tenía novio, pues no, dijeron los padres; cuáles eran sus amigas, pocas, contestaron ellos; cuál era su pasatiempo favorito, pues realmente ninguno, mirar calle arriba, dijeron los padres pensativos; cómo estaba vestida, con su camisón de dormir, dijeron los padres casi abochornados; y, sí, dijeron los policías, que iban a investigar. Ni en Cantera ni en Barrio Obrero, apareció María. Tampoco en la Placita de la Parada 24 ni en la de la Parada 26. Siempre que los padres visitaban el cuartel la policía pacientemente le decían,

"No, todavía estamos investigando."

Al mes, después de caminar todo Santurce, María regresó sin tener una explicación para su conducta y tampoco le molestó el no tenerla. Era algo que ella tenía que hacer, tenía una voz dentro de ella que le decía, que le pedía, que caminara sin destino; que sintiera el aire libre en su cara, dejara que el viento le alborotara su pelo rizado y accediera a que sus ojos desorbitados vieran todo a su alrededor de una sola mirada. Su madre la acompañó a su cuarto acribillándola con preguntas genuinas llenas de desesperación, pero María sólo contestó "he vuelto." Su madre con los ojos llenos de lagrimas le dijo, "Sí, hija, sí, has vuelto." Una pregunta se estrelló en la mente de la madre, ¿será que algún día no regrese?

María no volvió a la escuela. Su sueño de ser maestra se quedó colgado en alguna esquina por donde ella anduvo. Se sentaba en el balcón a mirar a lo lejos, esperando esa voz que ella bien sabía la llamaría una vez más. Su madre no la perdía de vista. Deseaba llevarla al dispensario para que el doctor la viera, la auscultara, la examinara detenidamente y le dijera qué le pasaba a su hija. Una mañana le dijo:

"Prepárate que vamos a ver al doctor."

"¿Estás enferma?" —María le preguntó.

"No, no quiero ver al doctor para mí sino para ti." —Contestó la madre.

María abrió sus ojos negros y dijo,

"Yo no estoy enferma."

Su madre la convenció diciéndole que sólo quería que el doctor le diera unas vitaminas porque estaba muy flaca. Como a María no le gustaba argumentar mucho las cosas, aceptó sin más palabras.

Vieron al doctor. Él era un hombre muy popular en el barrio porque antes de comenzar la consulta daba un discurso a las madres y a todo el que allí se encontraba. En alta voz, con gritos enérgicos, gritaba que tenían que bañar a los niños, limpiarle las orejas, cortarles las uñas, enseñarles a lavarse los dientes, matarles los piojos, enseñarles a las niñas a secarse después de orinar y a los niños a cómo limpiarse su pene. Era todo un espectáculo con ventanas y puertas abiertas. A María le recetó vitaminas y le dijo a la madre que la vigilara pues la niña se veía rara.

Pasaron unos meses y María se veía tranquila. Mas, una mañana se levantó como de costumbre, sin apuros. Se sentó en el sillón del balcón a mirar calle arriba, balanceándose con cierta angustia, y, así, de improviso, la voz la llamó. Una vez más se levantó y echó a caminar calle arriba; sin un plan, abandonándose a esa voz que la invitaba a seguirla, que la guiaba y ella obedecía. Otra vez los padres fueron al Cuartel de la Policía. Surgieron las mismas preguntas y las mismas respuestas sobre los mismos datos. Los policías prometieron buscarla y, sarcásticamente, un policía les sugirió a los padres que la buscaran en un burdel de San Juan o Ponce. Los padres se levantaron indignados y el padre le contestó:

"Allí vaya usted a buscar a su madre."

Esta búsqueda se unió a la primera y los datos deben de estar archivados.

María apareció cuando la voz le dijo que regresara y su mente se aclaró para permitirle llegar a su casa, al lado de sus padres. Su madre la vio venir a la distancia y corrió a alcanzarla. Hizo miles de preguntas y María no podía contestarlas aunque quería hacerlo. Esta vez la misma María estaba algo preocupada. Se preguntaba por qué estaba tan sucia, despeinada, toda desaliñada. Al llegar a la casa se bañó y dejó que el agua corriera todo su cuerpo. Sintió la sensación de que en su viaje también había experimentado, temblando, unas aguas correr por entre medio de sus piernas; unas aguas que ella no podía controlar y que luego se evaporaba y toda ella quedaba pegajosa y sucia. Recordó unas manos tocando su cuerpo mojado, unas manos extrañas y fuertes que la sostenían contra la pared. No eran manos amigas que deseaban protegerla, ella lo sabía, pero la voz no la ayudaba, no le decía lo que debía de hacer. Salió de la ducha corriendo y buscó a su madre y no se separó de ella. Se sintió limpia y segura.

Durante los próximos días rogó a la voz que no la llamara, que no la buscara. Pero fue inútil, otra vez la voz la llamó y ella no pudo escapar de su reclamo.

Salió por la madrugada, caminó desafiando un ente desconocido. No era el viento que la despeinaba, no era el frío de la madrugada ni el olor del mar. Tal vez eran esas manos que la atormentaban. Caminó sin rumbo como siempre. Esta vez la voz la llevó a lugares desconocidos. Sus ojos desorbitados miraban todo a su alrededor pero no veían el peligro, ni lo bueno ni lo malo. ¿Cuántos días habían transcurrido? No lo sabía. No lo podía deducir. Se encontraba en la puerta de un colmadito, mirando un pedazo de pan que estaba en una pequeña vidriera. Tenía hambre. El dueño del colmado la miró con recelo pues a primera pensó que ella quería robarle. María trató de sonreír pero sus labios habían olvidado ese mandato. Él le preguntó qué deseaba. Ella le contestó un "tengo hambre" sin pensarlo, sin razonarlo. Él le dio un pedazo de pan y ella se sentó en el suelo y comió el pan sin estilo, más como una salvaje. El hombre le dio pena, a aquella muchacha le pasaba algo. Él le preguntó su nombre y ella contestó "María" en un susurro y se echó a caminar porque la voz la llamaba. Tenía que obedecer. Ya de noche, llegó a una plaza. Se sentó y transcurrieron horas o minutos con sus ojos fijos en un vacío carente de ideas hasta que unas manos de hombre la tiraron al suelo y otra vez María se sintió empapada por dentro y por fuera, de arriba abajo, de un líquido pastoso desconocido; se sentía desgastada. Este sentimiento no le gustaba nada, la desesperaba, pero la voz no la ayudaba, no la orientaba. Se levantó y comenzó a caminar más rápido, más rápido, más rápido. Ya había amanecido y se sentía mojada por dentro, sentía unos marullos grandes, unas olas que le arrebataban las entrañas, calada hasta los huesos por un agua que no limpiaba, que no saciaba. Se sentó en las escalinatas de un edificio y recordó que tenía que regresar a ese lugar seguro, donde el agua limpia, purifica, pero no sabía cómo y la voz no la ayudaba.

Pasó el tiempo. Los padres se cansaron de buscarla. La policía nunca hizo nada por investigar su paradero. María, más bien, se encontraba en el manicomio municipal dando a luz un hijo que ella nunca arrullaría y sería una madre a la que su hijo nunca besaría. No será la última vez que María visite este lugar porque mientras la voz le hable, ella seguirá caminando, caminando, caminando sin parar y, en algún lugar de San Juan, unas manos seguirán abusando, abusando, abusando sin castigos ni remordimientos.

3

Doña Maximina la business woman

> Doña Maxi, flaca, de piernas gambá,
> salió a la puerta de la casa
> y le dijo a Don Pablo
> —que duro usted le ha pegao
> a ese pobrecito diablo—.
> Héctor M. Cotto Falcón
> "Por un traguito de caña"

Doña Maximina era una mujer que toda su vida vivió en el Barrio El Fanguito. Nacida y criada en este barrio; sin embargo, el dato más curioso es que nadie recuerda haberla visto joven. Todos la recuerdan con una figura de mujer estancada en un espacio y tiempo. Era flaca, tenía una cara demasiado pequeña, ojos saltones que no concordaban con su físico y, en especial, tenía las piernas extremadamente zambas y cada una miraba hacia un lado opuesto. Siempre llevaba un delantal donde escondía un monedero y quién sabe qué otras cosas. Eso sí, si ella tenía que sacar el monedero delante de otra persona, se daba vuelta para que nadie pudiera ver su contenido. Comerciante y desconfiada, diría yo. Siempre llevaba trajes floreados elaborados con un sencillo corpiño y una falda sumamente ancha que le cubría hasta mitad de unas piernas exageradamente flacas. Según caminaba, la falda se revoloteaba dando la impresión de que Doña Maxi iba caminando por el aire sin la ayuda de sus piernas abiertas de par en par.

Su casa, única en el barrio, se componía de una salita donde se acomodaban un sofá y dos butacas de madera y pajilla que entorpecían el paso del tiempo; una radio colocada cuidadosamente en una tablilla encima del sofá. Un cuadro del Sagrado Corazón de Jesús y otro de San Lázaro dominaban la visión del pequeño espacio. Al costado derecho de la salita se apreciaban dos puertas. Una que llevaba a un cuarto con una cama pequeña y un viejo armario. En este cuarto predominaba un altarcito con velas, una botella de Coca-Cola con azucenas, una estatua descolorida de la imagen de la Virgen acompañada de una estampilla de Santa Bárbara, un rosario y velas acomodadas alrededor que se mantenían encendidas día y noche. En la pared colgaban diferentes escapularios y medallas de diferentes vírgenes y santos.

La otra puerta daba a una cocina muy mal equipada. Una estufa de gas con dos hornillas donde siempre descansaban un caldero y una cafetera vieja con el colador adentro; algunas cacerolas y un sartén colgaban de la pared. En una esquina, una nevera pequeña con muchos años vividos. En esta cocina se escondía un sobre piso que pocos conocían. De una primera mirada no se podía distinguir este secreto de Doña Maxi. Aunque ustedes no lo crean, amigos, Doña Maxi era la alambiquera mayor del barrio El Fanguito. Genialmente, había construido un sótano en su cocina donde se destilaba el mejor ron de Santurce. Allí había una vasija que se empleaba para destilar, compuesta fundamentalmente de un cuerpo donde se ponía el líquido, el cual recibía el calor, y pasaba por un conducto que arrancaba de su parte superior y continuaba por un serpentín por el cual caía el producto de la destilación, refrigerándose por el camino. De esta forma se reducía el líquido al otro líquido deseado. Sinceramente, este líquido competía abiertamente con todos los alambiques que existían al otro lado del Caño Martín Peña, donde hoy la gente disfruta de Plaza las Américas. De la casa de Doña Maxi salían galones y galones del líquido dorado que le daba éxito y nombre a esta mujer de barrio. Venían de todas partes de la isla, y hasta de las islas adyacentes para adquirir para la reventa el ron perfumado con almendras. Tal vez la Bacardí, de alguna manera, todavía tiene el secreto de Doña Maxi.

La destilación era toda su vida. No sabemos cuántas veces la policía le destruyó su producto ya listo para el consumo. Sí sabemos cómo ella después de ser llevada al Cuartel de la Policía de la Parada 19, al rato aparecía caminando calle abajo con su falda revoloteando. En ocasiones, la misma policía la conducía de vuelta a su casa en sus carros oficiales. Sabiamente, Doña Maxi siempre guardaba lo mejor de su alambique para situaciones penosas y cuando el juez se disponía a sentenciarla ella rápida y veloz le daba una muestra de su producto, el cual llevaba escondido en sus pantaletas, donde los policías, por respeto, no se atrevían a catear. Y, por supuesto, el juez quedaba encantado y le pedía una segunda prueba. En ese momento, aprovechaba Doña Maxi para dejar la botella encima de la mesa del magistrado y salía, como alma que lleva el diablo, con sus piernas una mirando para el norte y la otra mirando para el sur, dejando un celaje que la ayudaba a desaparecer de toda visión policiaca.

La última vez que vimos a Doña Maxi fue en una despedida de año, cuando al igual que todos los años anteriores, iba echando un sahumerio de incienso por todo el barrio, casa por casa, para limpiar lo malo y atraer la buena suerte durante el año nuevo. La última noche, y esto lo dice la gente y yo lo afirmo, después de cumplir con el ritual, Doña Maxi salió volando rumbo al norte enredada en su falda floreada y se perdió en el horizonte de un cielo claro estrellado. Muchas personas, sabiendo la calidad de su ron sagrado, corrieron a la casa para buscar un trago, pero, ¡sorpresa! nadie pudo encontrar el sótano donde se destilaba el más delicioso de los rones del Caribe.

4

Principio de una vida

Ella estaba muerta. Yo estaba triste, pero no sé qué me pasaba que mi tristeza no llegaba al llanto. Debía llorar, pero no podía. Me preguntaba ¿qué será de mí ahora que está muerta? A mi abuela le dio un ataque cuando le dieron la noticia. Mi hermano menor lloraba sin consuelo. Pero yo, que debía llorar también, sólo tenía malos recuerdos en mi mente angustiada. No podía olvidar que hasta hacía unos momentos, la difunta, me llamaba Ratona. Ella me dio ese apodo; que yo detestaba. Pocas personas sabían mi verdadero nombre. Yo tenía que ocupar un lugar en su vida. Con voz de conspiración se lo dijo Doña Paquita, "mira, que esa es tu hija." Ella le respondió, "sí, pero es causa de la desgracia también." Doña Paquita le contestó, y esto lo recuerdo clarito, que le dijo, "sí, pero ella no tiene la culpa de tu desgracia, no la hagas desgraciá a ella también. Ademá, ya ese hombre tuvo que habel pagao lo que te hizo al moril ahogao en el caño Martín Peña. ¡Porque mira que tragal esa agua sucia debe ser bien malo! Bueno, aunque la gente lo llamaba Gasolina ¿sería porque le gustaba beberla? Eso parece cosa de loco." En esa conversación en voces bajas y perturbadas, descubrí algo de un padre que nunca disfruté en mi vida. Pero...qué culpa tenía yo de su desgracia. Además, ella era feliz con su marido. A veces discutían cuando él llegaba borracho...Ahora creo que debí llorar...Pero es que la escuché con mis propios oídos...decirlo sin remordimientos...aquel día que ella hablaba con Doña Paquita por la verja. Ella admitió que me tiró el agua caliente encima para desaparecerme. Recuerdo que Doña Paquita con voz entre cortada le dijo, "pues no la desapareciste ná, lo que hiciste fue cicatrizar su cuerpecito para siempre... nunca te va a peldonal. Bueno...estas cosas no se pagan aquí en la tierra..." Perdonar. Ese día fui a la letrina sin que ella me mandara y lloré mucho; quizás por eso el día de su muerte no pude llorar. Perdonar. Cuando llegaba alguna visita, tenía que ir a la letrina para que no vieran mi cuello arrugado y mi boca tan fea. Perdonar. Sólo Doña Paquita fue mi amiga. No le importaba mi fealdad. Tal vez, le inspiraba pena. Me hacía bien pensar que era mi amiga y me quería de verdad. Doña Paquita ocupó un lugar muy especial en mi vida. Por un tiempo, pensé que nunca perdonaría a la mujer que fue mi madre. Muchas veces había deseado su muerte, pero cuando oí su grito mortal, mi corazón dio un brinco...¿de tristeza o alegría? no lo sé. Una vez más, se asomaba mi fragilidad. Todos lloraron cuando mi padrastro regresó del hospital con la noticia de su muerte. Mis ojos estaban secos; y sólo tenían siete años. Escapé a pasos lentos a esconderme. Su muerte me tenía ingrávida. Mi padrastro decía algo sobre los preparativos del velorio, el entierro, y que no tenía una perra prieta en que caerse muerto él mismo. Algunos vecinos lo ayudaron a salir de este problema. Como siempre, hasta a la hora de su muerte ella fue un problema. De pronto, todo se tranquilizó. En la casa penetró una penumbra que acompañaba al aire fúnebre. Mi abuela le pidió a su otra hija que le planchara el traje negro. No tenía consuelo. Bueno...es que la difunta era su hija y mi abuela había sido una buena madre.

Más tarde, Doña Paquita entró a la casa y preguntó por mí. Fue la única persona que pensó en mí en ese momento de desolación. Me llamó y no respondí. ¿Para qué? Nadie podía borrar o destruir mi aflicción.

Yo deseaba escapar del tiempo y de la voracidad de imágenes perturbadoras. Al poco rato, Doña Paquita miró debajo de la cama. "Mira muchacha, sal de ahí, ya no tienes por qué escondelte. Ven, que tienes que arreglalte; ya mismo traen a la difunta," dijo. Su voz me liberó de mi último acto de miedo y vergüenza. Creo que acababa de despertar de un largo sueño.

Pasados algunos días después del entierro y el novenario, mi abuela y tías accedieron a que me mudara a casa de Doña Paquita. Ese fue el día de mi alumbramiento. Doña Paquita, me dijo, "te voy a puntal en la escuela, tú veráh, te voy a compral un uniforme y vah aprendel a escribil y leel; que no te vah a quedar pa burra. Y cuando vayah a la escuela y la maestra te llame 'María de los Angeles Mena', tú vas a levantal tu cabecita todo lo má que puedah y vah a decil: ¡Presente!" Poco a poco aprendí que la fealdad y yo seríamos inseparables. Con la madurez que da el tiempo, superé las miradas curiosas, y a veces escrutiñadoras, de los demás compañeros de la escuela, de otros usuarios de la guagua y más tarde de mis propios estudiantes. La fealdad y yo fuimos una.

¿Quién leerá mi diario? Un diario escrito durante una juventud no deseada. Sé que a nadie le va a importar mis apuntes de mi irrisorio contacto con la vida. Pero, me hizo mucho bien escribirlo en esa etapa de mi existencia. La escritura aminoró mi odio hacia todo lo no estético. Un odio que repercutía en mi propio ser. Nacer fue caer en un primer pozo. La palabra me rescató de ese pozo; ahora, la vejez en complot con la muerte, me rescata de un segundo pozo infernal. Me guía a la superficie. Ahora, yo soy la que está en posición horizontal. Sin ver ni mirar. Sin oír ni escuchar. Sin tocar ni palpar. Sin necesidades. Sin respirar…Estoy de retorno al mundo de donde nunca debí salir. La muerte y yo hemos vencido a la soledad, la profundidad y oscuridad de los pozos. Ahora tengo que presentarme ante Él para ser juzgada…¿Juzgada?…¿Quién tendrá que dar cuenta a quién?

5

María del Pilar, compradora de ideas...

En un pueblo del este de la isla, vivía una mujer gorda, inmensa. Su piel negra se amalgamaba a su ropa de colores brillantes y materiales floridos. Siempre colgaban collares en su pecho de ballena y pulseras en sus brazos adiposos. Sus grandes aretes alargaban sus pequeñas orejas, como tratando de que esta lámina negra cartilaginosa hiciera juego con tanta obesidad. Sin reparos, llevaba una sortija en cada uno de sus regordetes dedos. Lo extraño era, sin duda, sus grandes ojos verdes saltones que brotaban en su cara como dos luminarias; contradecían todo su aspecto físico. Sus ojos dieron motivo para que algunos isleños aseguraran que ella era hija de una gitana que una vez arribó al este de la isla. Según los comentarios, la gitana se juntó con el negro llamado Filomeno y concibieron una niña. Inmediatamente después del nacimiento de María del Pilar Cepeda, la gitana desapareció. El negro Filomeno la crió y cumplió con los roles de padre y madre hasta el día de su muerte, cuando María del Pilar apenas tenía catorce años.

Desde que María del Pilar aprendió a leer y escribir se consagró al oficio de la creación literaria. Ella comenzó a escribir cuentos en sus libretas escolares de cubierta en blanco y negro en cuyas portadas se leía en inglés *notebook, name, address, teacher* y *subject*. María del Pilar coleccionaba todos los cuentos de manera esmerada y organizada. Eran reliquias secretas. Nunca pensó en lucrarse del ejercicio de la escritura; y menos, deshacerse de sus cuentos. Cada uno de ellos era un pequeño hijito que la rodeaba y que ella no abandonaría por una satisfacción sentimental o vana. Todo cuento estaba registrado en su memoria con una frase que identificaba la idea central. Constantemente, se inspiraba en una idea que le facilitaba escribir un nuevo cuento. A menudo, por el constante escribir, tenía que sobarse su mano derecha con manteca de ballena para restituir la agilidad y habilidad manual necesaria durante el proceso. No bien terminaba un cuento, cuando ya le brotaba la próxima idea. En ocasiones, se acostaba agotada. En sus sueños, como continuación a su rutina diaria, concebía nuevas ideas. Mas, esas ideas quiméricas las dejaba registradas en su libro de los sueños.

Un día, inesperadamente, se paralizó el don de las ideas. Ante este suceso tan terrible, María del Pilar sucumbió en un letargo melancólico. Sus ojos verdes se opacaron. Su corpulento cuerpo no sentía la alegría de vivir. Era un total soporífico estado de pasmo. Lo único que aminoraba su dolor, como siempre, era su extraordinario placer que sentía hacia la comida. Al tercer día de esta situación, María del Pilar estaba desesperada. Una madrugada, arrastró un sillón hasta el balcón. Allí se sentó; en un trance de duermevela. Llevaba su indumentaria como de costumbre. Sus gordos dedos negros se entrelazaban sobre su voluminoso vientre. Sus ojos se perdían en la lejanía; esperando a la inspiración y a las ideas venir tomadas de la mano. Pasó el resto del día sentada en su sillón. Al segundo día, casi al caer el sol, había una multitud aglomerada frente al balcón. Los vecinos no podían creer aquella visión. Nunca la habían visto tan de cerca. Entre los curiosos que concurrieron para presenciar aquel espectáculo, y para que nadie después se lo contara, se encontraba un hombre joven con cara de embeleso. Tenía la misma curiosidad que los demás, pero al ver los ojos verdes de la negra tan tristes se aventuró a preguntarle:

—¿Qué le pasa?

—¿Quién eres? —respondió María del Pilar, despertando de su letargo.

—Yo soy Abelardo, el hijo del amolador de tijeras y cuchillos, —dijo con orgullo.

—Y...¿qué haces por aquí y no estás trabajando con tu padre? —preguntó la mujer con voz suave y pausada.

—Se ha corrido la voz de que tú has salido al balcón. Todos queremos verte. Cada uno de nosotros sabemos que tú vives en esta casa, y que pasas los días escribiendo. Como puedes ver, hay muchas personas que han pasado frente a tu casa movidos por una fuerza indiscreta. ¿Qué te pasa? ¿Por qué has dejado de escribir?

—La verdad es que sufro de una enfermedad muy personal, se llama carencia de ideas. Mi mente está en un estado de inercia —respondió la gorda con una voz triste y pausada.

—Perdona…no comprendo. ¿Para qué quieres ideas?—preguntó Abelardo inocentemente.

—Sencillamente, para escribir mis cuentos, —le respondió María del Pilar un poco molesta.

—Bueno, si quieres yo te vendo, o te presto, o te regalo una idea…

—Te lo agradezco, Abelardo —le cortó María del Pilar de manera abrupta— yo no tengo dinero para pagar por ideas ajenas.

—En ese caso…tú puedes venderme tus cuentos —propuso el joven.

—¡No! eso jamás —respondió enfáticamente María del Pilar—. Su voz y sus ojos se encubrieron de tristeza.

—Bueno pues… entonces, puedes alquilármelos, —insistió Abelardo con voz incrédula.

—Creo que tú has llegado a mi vida con otros propósitos. Aunque…tal vez me has dado la idea que necesitaba ¡Voy a comprar ideas! Esta idea no es para escribirla, sino para implementarla. Es tu idea, por lo tanto, serás el administrador. Yo solamente quiero escribir. Pero esta idea, si es que la llevas a cabo, te atará a mi lado para el resto de tu vida.

—Supe que ése es mi destino desde que vi tus ojos verdes, —le replicó Abelardo.

Aquel atardecer, María del Pilar y Abelardo entraron a la casa para nunca más separarse. Los invadió un irreversible estado emocional. Era un estado semi-abúlico donde los sentidos fluían de forma desquiciada. Los aprisionó un irreprimible deseo. Sus partes genitales se enardecieron y, ambos, por primera vez, se abismaron en los gozos del amor. Abelardo recorrió el cuerpo de la gorda como cuando se descubre una isla inmensa inhabitada. María del Pilar, se dejó invadir por una fuerza de convulsiones orgásmicas que se acrecentaban más allá de las ideas.

A la mañana siguiente, un gran letrero se veía desde una considerable distancia donde se leía "Se compran ideas". Según las personas se iban acercando al letrero podían leer, en letras más pequeñas, la forma de pago por cada idea que María del Pilar aceptara como extraordinaria. Además, y llevada por la euforia del amor, María del Pilar tenía una fuente repleta de dulces para todos los niños que se acercaran, o para aquellos que fracasaran en su negocio. Como María del Pilar tenía una memoria inconmensurable, donde tenía registradas todas las ideas por ella ya usadas, sabía cuál idea rechazar y cuál aceptar.

Al día siguiente de la apertura, un sábado, cuando Abelardo vio a las personas que llegaban a leer las letras pequeñas que informaban cuánto se pagaba por las ideas, pensó que este asunto no iba a prosperar. La recompensa era insignificante. Pero, y para asombro de Abelardo, a medida que llegaba el mediodía, se fueron acercando algunos niños con su curiosidad indeleble. Estos niños comenzaron una fila que jamás finalizaría. Algunos querían solamente leer los cuentos de la mujer de los ojos verdes; otros, deseaban vender sus ideas. Cuando un niño o niña le confiaba una idea a María del Pilar que no estaba registrada en su memoria, ella, en el acto, desarrollaba la idea en un cuento. El agraciado podía leerlo inmediatamente después de terminado. Varios niños presentaron ideas de cuentos que ya existían en la tradición oral o escrita, como la idea del patito feo. María del

Pilar, sin desanimarlos, les decía que ya ese cuento estaba escrito. Los consolaba dándoles las gracias y los alentaba a que siguieran pensando hasta que tuvieran una idea original. A otros, los consolaba dejándoles leer, gratis, un cuento ya escrito por ella. La genialidad de las ideas acunada en un cuento la ostentó una niña de mirada de caracol rumoroso. La niña le presentó la idea de la rosa encantada nacida en un jardín botánico. Al oír la idea, María del Pilar descubrió una correspondencia síquica con la niña. Comprendió que este cuento sólo estaba inconcluso. La fusión de sus perspicacias engendraría un relato de líneas alborotadas de fantasías y deseos. Según el cuento, la rosa, que fue cortada de la planta madre y puesta en agua, nunca perdió su vida, belleza y fragancia. Pero lo fantástico de la rosa no era su larga vida, sino que su atributo primordial consistía en la concesión de realidades. Según el cuento, aquella persona que miraba la flor sin parpadear y en su corazón pululara amor y gozara de la ausencia de la envidia y el rencor, se le convertiría en realidad un sueño que creyera irrealizable. Según la historia, pocos fueron los agraciados. Ese día, la niña y María del Pilar, concibieron una rosa que tendría una vida perpetua. Tanto María del Pilar como la niña supieron que el cuento tenía un valor inescrutable; pero también supieron que la vida de la rosa iba a ser infructuosa, porque a pocas personas se les convertirían sus sueños en realidad.

La compra y venta de ideas se convirtió en un acontecimiento apoteósico. Gente, especialmente niños, venían de todas partes. A los adultos, les perturbaba admirar unos ojos verdes en una piel negra; pero, por otro lado, los pasmaba la exagerada robustez de la mujer. Durante el día, tanto Abelardo como María del Pilar, se dedicaban a los clientes con esmero. Al atardecer, sentían un cosquilleo placentero al cual sus cuerpos no podían resistir. Recogían sus papeles y cerraban puertas y ventanas. Como todas las tardes, Abelardo recorría palmo a palmo aquella isla sagrada. María del Pilar, por su parte, se entregaba a recibir el obelisco de eyaculaciones convergentes.

Un día, entre el público arremolinado que vendían ideas, apareció un hombre relativamente joven, fuerte, alto, que no quiso seguir las instrucciones de Abelardo. Se negó a hacer la fila y esperar su turno. El hombre entró a la casa de María del Pilar como una tormenta.

—¿Qué clase de negocio es éste? Nadie puede vender o comprar ideas. Esto es un fraude, —dijo airado.

En el acto, los ojos verdes de María del Pilar se iluminaron como dos estrellas vespertinas y en el acto reconoció la energía que la invadió.

—¡Ay bendito! Su presencia me ha devuelto el don de crear mis propias ideas nuevamente, —dijo María del Pilar con voz jubilosa y rebozando alegría.

—¿Sí? a ver, déjeme ver qué va a hacer ahora que ya tiene el poder de las ideas, ¿qué va a hacer?, —preguntó el hombre en tono sarcástico.

Inmediatamente, María del Pilar se transformó. En un momento de arrebato, penetró en su mundo de la palabra escrita. Tomó un lápiz y su libreta negra. Comenzó a escribir el siguiente cuento: Había una vez una mujer que tenía el don de las ideas, pero un día, por razones desconocidas, su don se disipó. Debido a esto, se vio obligada a comprar ideas. Un día, llegó un hombre alto, joven y lleno de energía que interrumpió la venta y compra de ideas. Este hombre, en el momento que se presentó ante la mujer y le dirigió su palabra hablada, transmitió una fuerza antagónica que se fundió en las energías positivas de la mujer. A la vez, el hombre se fue transformando, poco a poco, en un hombre viejo. Su pelo comenzó a ponerse canoso. Sus encías quedaron desdentadas. Su cuerpo huesudo se disuadió en una carne fláccida y envejecida. Sus dedos se engarrotaron, dando la impresión de una artritis crónica. Su espalda se dobló y necesitó ayuda para dejar la casa de la mujer compradora de ideas.

Cuando María del Pilar puso el punto final al cuento y levantó su cabeza, encontró a Abelardo ayudando a salir de la casa a un viejo decrépito que apenas podía caminar. No se le comprendía una palabra articulada. Ese día, como en un acto maravilloso, la mujer se transmutó a su existencia anterior.

Aunque ya recuperado su don, María del Pilar Cepeda continuó escuchando las inventivas, pero solamente las de los niños. Como de costumbre, todos los atardeceres, María del Pilar y Abelardo cerraban puertas y ventanas para entregarse a recorrer sus cuerpos afiebrados por la pasión. Pasó el tiempo y, María del Pilar, con su regordeta mano, persistió en escribir sus ideas; hasta que, inusitadamente, arribó en su última idea la noción de su propia muerte.

6

Doña Virginia la curandera

El cuchillo estaba sobre la mesa de la cocina, en silencio, quieto, esperando, listo para la próxima estocada. El cuchillo filoso por ambos lados estaba allí como todos los sábados. Virginia, sentada en la escalera que daba de la cocina al patio, se preparaba mentalmente para hacer lo que ya había perfeccionado. Desde niña vio a su padre matar los cerdos sin que éstos dieran un chillido de dolor y a ella esta habilidad le llamaba la atención. Se decía que maten a un ser de una puñalada debe doler muchísimo, pero su padre le explicó que por eso él había encontrado la manera de matar los cerdos sin que los pobres sufrieran y no se les oyera ni un quejido. También, le explicó que él no mataba por placer a aquellos animales que criaba con sus propias manos. No, que ése era su negocio para que su familia sobreviviera en medio de la miseria en que vivían. Por eso, ese misterio de matar a un cerdo sin dolor, llamó la atención de Virginia y se empeñó en aprender, hasta que finalmente lo dominó.

Esa mañana se levantó diferente, había un algo en ella que no sabía explicárselo. Se lavó la cara con agua fría, buscó el delantal y se lo puso con lentitud; se miró sus manos y las encontró diferentes, grandes, blancas y especiales. Tomó el cuchillo con su mano derecha. Bajó la pequeña escalera y fue al corral de los cerdos. Ya su padre estaba allí, contemplando a los cerdos y a la vez hablándoles para aquietarlos. Virginia entró y saludó a su padre pidiéndole la bendición. El padre sin mirarla le echó la bendición y rápidamente le señaló el cerdo que le correspondía matar ese sábado. Él ya había escogido el suyo. Virginia miró al cerdo y el animal le respondió con una mirada casi angelical. Puso el cuchillo filoso en el suelo y le habló al animal acariciándole la cabeza. Ven, le dijo y lentamente recogió su cuchillo de filos brillantes. El cerdo la siguió. Lo llevó a un pequeño corral destinado a matadero. Con cuchillo en mano ella le acarició su cuerpo y le explicó bajito que ella lo iba a tratar bien, que no quería matarlo pero que era necesario. Puso el cuchillo en el suelo y se miró nuevamente sus manos. El cerdo lamió sus manos y Virginia sintió un calor tibio, un aliento de vida irreconocible. Ella tomó el cuchillo y busco la yugular del cerdo. Sus dedos percibieron el ruido del correr sanguíneo anunciando vida en el animal. Bajó su mano y le dio una estocada en el mismo centro del corazón. No hubo chillidos, ni correteos. El cerdo yació sin vida y Virginia dio media vuelta y salió todavía con el cuchillo y su mano derecha ensangrentada de ese humor rojo y caliente que circula por las venas. Fue a la cocina, lavó el cuchillo y sus manos, ya su padre se encargaría en descuartizar al cerdo, pensó.

Se frotó sus manos una con la otra. Salió al balcón y miró a su alrededor. Oyó al niño de su vecina llorando y se le ocurrió ir a ver qué le pasaba. Llamó desde el umbral de la puerta y la vecina salió secándose las manos en el delantal que llevaba atado a la cintura. Virginia le preguntó qué le pasaba al niño y la vecina le dijo que hacía dos días que lloraba y no quería comer. Pidió verlo. Al mirar su carita y su vientre, Virginia, inmediatamente, supo lo que el niño tenía. No pudo controlar sus manos y con un instinto natural le tocó el vientre, comenzó a darle un masaje suave, de aquí para allá de allá para acá, santiguándolo, aunque ella nunca había santiguado a nadie. Pero lo hizo como una experta, con movimientos seguros, yendo de un lado a otro, hundiendo sus manos suavemente en el estómago para que de las paredes del órgano se desprendiera lo que allí había y no podía digerir. Al terminar se sintió extenuada, sentía que había salido de un trance. Nunca había puesto tanta energía y concentración, ni siquiera para matar su primer cerdo. Le aconsejó a la madre que no le diera nada de comer por un rato hasta que evacuara. Así fue. Al poco rato el niño evacuó y pudo beber su leche con cereal. Ésta fue la primera vez que Virginia santiguara, después miles fueron las veces que sus manos santiguaron niños, adolescentes, viejos y hasta al cura del barrio. No tan sólo santiguar fue su dedicación, sino que podía extraer los gases del cuerpo de otras personas por medio de ventosas, con el único problema que ella atraía los gases a su propio cuerpo y después tenía que expulsarlos con diferentes remedios; los menos agresivos los eliminaba con teses de mejorana. Podía componer coyunturas salidas de su sitio, componer huesos fracturados. En fin, sus manos se convirtieron en un instrumento con facultades increíbles. Lo único que no podía componer era los corazones desgarrados por sufrimientos amorosos. Además, no tenía experiencia propia; nunca había amado o había sido amada. Su vida se le escapó ayudando a los demás y velando por su padre.

Un lunes, Virginia se levantó y vio cerrada la puerta del dormitorio de su padre. Le extrañó, su padre siempre se levantaba una hora antes que ella y le tenía preparado su pocillo de café calientito. Tocó en la puerta y su padre no le contestó. Ella abrió la puerta y poco a poco se fue asomando hasta ver a su padre acostado boca arriba. Ella corrió donde él, lo abrazó, se arrodilló a su lado y le dijo llorando inconsolablemente, "te fuiste como mi Mamá, sin avisarme." Le tomó sus manos y se las cruzó sobre el pecho. Se levantó despacio y salió del cuarto. Fue a casa de su hermano a darle la noticia.

Pasó el funeral y el sábado siguiente se levantó de costumbre y se sentó en la escalera a mirar los cerdos. Supo que para subsistir, tenía que seguir con el negocio de su padre. Se había quedado sola. Su hermano tenía su vida con su familia y demás obligaciones. Virginia no tenía miedo de enfrentar el futuro, ella sabía lo que tenía que hacer. Caminó hacia el corral, buscó el cuchillo que su padre usaba para sacrificar los cerdos. Lo amoló despacio, sin prisa. Se acercó al cerdo que ella creyó le correspondía sacrificar ese día. Lo acarició y le habló al oído las palabras que el padre le enseñó, "te sacrifico, pero no lo hago con maldad, gracias por tu servicio." Lo llevó al matadero y rápido le sajó la yugular. El cerdo quedó con los ojos abiertos, pero ella supo que no había sufrido ni por un segundo. Virginia se miró sus manos. Examinó las palmas de cada una y luego volteó sus manos y por un rato fijó su mirada en el dorso de las mismas. Escudriñó cada parte de sus dos manos y percibió que otra vez se manifestó un cambio en ella que tuvo que aceptar porque nada podía hacer. Supo que había perdido el don de la sanación. Dos lágrimas rodaron por sus mejillas. Se las limpió rápidamente, y entendió que desde ese día se dedicaría a matar y vender carne de cerdo, y luego añadió la venta de morcillas hechas con la sangre de los cerdos, siguiendo al pie de la letra la receta de su madre.

De todos modos, todos la siguieron llamando 'Virginia la curandera' y muchos siguieron consultándose con ella para curar sus males, aunque ella sabía que sólo trabajaba la experiencia.

7

Ana Flecha

Todos los días, aunque fuera domingo, Ana se levantaba a las seis de la mañana. Hoy es viernes; y los viernes siempre se levantaba sabiendo con anticipación lo que ocurriría. Hoy se levantó diferente, tenía otro ánimo, la inquietud por poner en práctica lo pensado la alentaba. Se levantó con la palabra 'basta' dándole vueltas en su cabeza. Caminó despacio al baño, se miro en el espejo por unos segundos y percibió algunas arrugas alrededor de sus ojos, no le prestó mucha atención; se cepilló los dientes, se enjuagó la cara e inmediatamente fue a la cocina y puso el agua para el café. Terminado el café se tomó una taza bien caliente. Qué va a pasar hoy, se preguntaba. Sabía que el día era distinto, que ella se había levantado con una cierta agitación y le parecía ver el mundo con otros ojos. Se levantaron los niños, seis en total. Inmediatamente comenzó el revuelo de todas las mañana antes de los niños salir para la escuela. Se levantó el marido, Juan, callado como siempre. Él es de tez oscura deslumbrante, con unas facciones casi perfectas y un pelo lacio de un color negro intenso. El trabajar en construcción le ha hecho ser un hombre fuerte, de músculos definidos, manteniéndose delgado. Ana quedó prendada de él desde el primer momento que lo vio. Ella, por su parte, era blanca de unos ojos claros que cuando se reía se escondían tras una pestañas largas y espesas. Su cuerpo ha evolucionado con los partos, aunque se mantiene esbelta y ágil. Los dos se habían amado intensamente, pero en los últimos años todo ha cambiado. La mamá de Ana le dice que eso es natural en las parejas, que el tiempo es el peor enemigo del amor. Los hijos, los quehaceres de la casa y miles de otras obligaciones no le habían dejado pensar y enfrentar la realidad. Todos estos años ha sido una mujer hacendosa, la casa se mantiene limpia, los hijos bien cuidados y educados; siempre ha sido una mujer respetuosa de su marido, sin una falla, siempre cumpliendo con su promesa de ser fiel y obediente hasta que la muerte los separe. Pero poco a poco se ha ido sintiendo asfixiada, aniquilada, desfallecida y vulnerable ante la situación que está viviendo con su marido. Pero hoy es viernes, todo es diferente, ella es diferente. Basta, basta, se decía. Hoy no es el viernes para que Juan llegue borracho, le pida comida a gritos para luego estrellar el plato contra una pared que luego ella tendrá que limpiar con paciencia. Por lo general, el plato de comida es el primero en despedazarse, luego le siguen en turno los vasos, las tazas, más platos. En fin, toda la vajilla desaparecía hecha añicos en minutos. Los niños, para no presenciar la situación, desaparecían y Ana se cruzaba de brazos y esperaba a que Juan terminara con su berrinche, el cual ella nunca comprendía, para luego limpiar y componer la casa. Casi todos los primeros días del mes Ana iba al bazar de Don Perillón y ordenaba una vajilla y vasos y todo lo necesario para reponer todo lo desaparecido.

Hoy será diferente, pensó Ana. Basta, basta era la palabra que se repetía incesantemente. Luego de salir los niños para la escuela y Juan tomar su almuerzo y salir en su camión sin mirarla y despedirse, Ana recogió las camas, fregó los trastes que se salvaron de la riña del viernes pasado. Luego, se cambió de ropa y salió para ir al bazar de Don Perillón con la palabra 'basta' metida entre ceja y ceja. Don Perillón la apreciaba y se alegró al verla pues la conocía desde recién nacida, pero se asombró que ella lo visitara este viernes en la mañana.

—¿Qué pasa, Ana, la fiesta fue antes de tiempo?

—No, Don Perillón, hoy quiero adelantarme a la fiesta. Por favor, envíeme una vajilla y una docena de vasos y cárguelo a la cuenta de mi marido.

—Cuidado, Ana, no vayas a cometer una locura.

—No, no, sólo quiero unirme a la fiesta.

—Bueno, mujer, así será.

Ana regresó a su casa y al rato llegó el muchacho de mandados del bazar con lo ordenado. Ella pasó todo el día en espera, una espera infinita. Este viernes es diferente se repetía, mientras preparaba la comida de la cena y el 'basta' revoleteaba en su cabeza.

Llegaron los niños de la escuela contentos porque era viernes y podían jugar hasta un poco más tarde, pero todos sabían que era el día de los asombros y disgustos. Ana se bañó, se vistió con su blusa blanca favorita y la falda de flores; decidió perfumarse, algo que había dejado a un lado hacía poco por la falta de objetivos: no salía a ninguna parte y su marido ya no le prestaba atención. Los niños y ella comieron sentados en la mesa como una familia sin padre. El padre llegaría más tarde como todos los viernes. Juan, como siempre, los viernes paraba en el Bar de Doña Niní y allí se gastaba bastante de su paga con sus amigos. Luego, antes de anochecer se encaminaba a su casa tambaleándose y malhumorado. Ana ya sabía muy bien la rutina. Juan llegó, pidió la cena y porque estaba un poquito fría la desmoronó en el suelo del comedor. Ana, con toda su paciencia, buscó la vajilla que había ordenado, la puso encima de la mesa, abrió la caja, añadió los vasos y con los ojos fijos en Juan y una media risa burlona comenzó a tirar platos y vasos contra las paredes, el piso, contra los muebles, por las ventanas. A medida que tiraba y rompía se iba desquiciando, estaba desenfrenada. Juan se desconcertó, no comprendía este comportamiento de su mujer; pero fue como mirarse en un espejo y le dijo muy suave:

—Ana, ya, ya, basta.

¡Santo remedio!

8

Plegaria al Santo Patrón

Carmelina está arrodillada con sus manos devotamente juntas ante una estatua en madera que simboliza la figura del Santo Patrón. El vestuario religioso de la estatua es uno hermosamente pintado en colores oscuros y de sus manos emerge un pliego que aparenta tener muchos números impresos ininteligibles por estar bastante borrosos. Todos los días, Carmelina, hace el mismo ritual: se inca, prende la vela de color verde y reza una plegaria improvisada en el acto. Hoy, casi en estado de desesperación, le reza al patrón con verdadera devoción la siguiente plegaria:

—¡Ay, Santo Elotorio! aquí una vez más vengo ante tus pies a pedirte el favor de siempre, que parece tú no puedes concederme o te haces el olvidadizo. Recuerda que en los días buenos y en los días malos siempre te prendo tu vela que, como tú sabes, para mí es un gran sacrificio. Yo sé, porque me lo han dicho a ciencia cierta, que tú has concedido unos numeritos a Doña Lucía y se sacó doscientos dólares en la lotería del domingo. Y yo, que hace veinte años te soy fiel devota no me saco ni un reintegro. Así que hoy voy a comenzar a pedirles a otros santitos más modernos que tú. Pero esto no quiere decir que te voy a echar al olvido, es que parece que necesito ayuda de sangre y espíritus nuevos para que intercedan por mí ante ti que eres dador de suerte en el cielo. Así que, con tu permisito.

—¡Ay, Santa Diana! Princesa y señora de la clase alta, que un día te sacaste el gordo y viviste como una reina, ruega a mi padre y patrón que me dé el numerito que necesito para salir de esta miseria. Si me pego, te prometo que enviaré dos o tres pesitos al comité que se encarga de protestar por las minas explosivas. Pero para poder hacer esto, Santa Diana, tienes que ayudarme y poner todo tu empeño, como lo hiciste para conquistar a Carlos. Tú que eras tan bonita y cariñosa, de ti guardo todas las fotos que sacaron en el *Vanidades* y que con tanto cariño me regaló mi sobrina, porque ella sabe lo mucho que te admiro. Mírame con esos ojitos siempre abochornados y haz algo por esta pobre negra que necesita darse un viajecito a Nueva York a ver su nietecito.

—¡Ay, Santo John John! Apóstol de los niñitos ricos, derrama tu gracia sobre mí y pídele a mi santo patrón que aunque sea me dé un toquecito con algo. Yo no quiero tener tanto dinero como tú tenías; y para que decir que mi familia siempre ha tenido una pelambrera, heredada de los indios taínos me imagino, que mejor ni te cuento. Pero tú, niñito soldado con ropita civil, ruega por mí a ver si me saco el loto. Es verdad que, aunque pobres, en mi familia no hemos sufrido tanta desgracias y tragedias como la tuya, pero algo malo le tiene que pasar a tu familia en la tierra, ¡ay, perdón! que no te quiero ofender. Tú, mi santito rico, el Padre te dejó entrar porque eras algo dadivoso, ahora te pido que me ayudes y le supliques a mi santo patrón que me dé el numerito de la suerte que tanto necesito.

—¡Ay, Santa Teresa! Bueno, aquí debo de especificar porque Teresas hay muchas en el cielo. Pero sólo conozco bien a dos, así que para ellas va mi plegaria. ¡Ay, Santa Teresa de Jesús! digo, la española, que de la nada hiciste cucho cientos mil monasterios y todavía existen muchos de ellos, tírame con algo. Mira que necesito un dinerito para arreglar éste, mi monasterio, pues se puede decir que yo vivo como una monja. Sacrificios demás hago, que a veces me acuesto con el estómago pegao. Tú que, según dice el párroco de la iglesia, eres doctora, me imagino que sabrás cómo convencer a mi patroncito para que me dé el numerito de la suerte. Despliega tu sabiduría y ruega por mí.

¡Ay, Beata Santa Madre Teresa! Tú que te ganaste un premio de miles por estar pa'rriba y pa'bajo por los pobres más pobres, mírame con ojos de piedad que se puede decir que, al igual que tú, ando con todos mi motetes en una caja de cartón. Pídele, como tú sabes, para que mi santo patrón cambie mi suerte y me dé el numerito que necesito...

Sin tener otros santos a quienes aclamar, se levanta y se sienta tranquila en el sillón. Si me pego, piensa, voy a guardar algo para comprarme una televisión a colores y lo del viajecito a Nueva York, sí me lo voy a dar

De momento, Carmelina siente un soplo en su oído y se levanta, apaga la vela, se quita el delantal y con el único dinero que le queda sale corriendo a jugar el Pega 3. Por la noche, mirando la tele en blanco y negro ve que sus oraciones no han sido en vano. Se pegó con seis cientos dólares con el número 666.

9

Doña Maria la que plancha

Una de las trigueñas más hermosa en el barrio de Santurce se llamó María Ramos. Era alta, con piel canela que se destacaba por su suavidad y tersura, de nariz perfilada y frente ancha, donde le brotaba la mezcla de razas; dientes blancos que aportaban mucho a su sonrisa esplendorosa; su pelo largo ondulado le daba un aire de diosa indígena; de cuerpo esbelto, de una cintura fina que nunca perdió a pesar de parir cuatro hijos; piernas largas, bien formadas, que nada tenía que envidiar a las amazonas. Físicamente era hermosa.

La vida de María cambiaría drásticamente el día en que Don Jorge se fijó en ella. Ella no pudo resistir a la mirada de un caballero algo mayor que ella, pero delicado, de piel blanca y palabras convincentes. Lo conoció el día en que María decidió trabajar de ama de llaves de la familia. Ella se presentó y la señora de la casa la aceptó y luego le presentó al señor. Era una pareja sin hijos y María, desde que cruzó el portal, sintió la frialdad que hacía tiempo existía entre las paredes, una falta de alegría que daban ganas de llorar. La señora se apreciaba ser una mujer bonita, con ojos galanos y un cuerpo extremadamente esbelto, tenía porte de una mujer segura, confiada. Por otro lado, Don Jorge era un hombre con algunas libritas de sobrepeso, no gozaba de una apariencia atractiva, pero tenía algo en su mirada que dominaba y atraía a las mujeres fácilmente. Quizás por esta razón, desde que Don Jorge y María cruzaron sus miradas, ese mismo día, ambos supieron que sus vidas iban a estar atadas por lazos difíciles de desunir. María apartó su mirada rápidamente y Don Jorge, a su vez, quedó flechado esta vez sin proponérselo.

Casi de inmediato quedaron liados en una relación prohibida; una relación que ella misma se preguntaba cómo podía ser posible; no podía ella misma persuadirse de alejarse del señor de la casa.

Con una mirada de Don Jorge, a María se le olvidaba el mundo a su alrededor. Don Jorge, por su parte, no pensaba en otra cosa, corría a hacer su trabajo y deseaba regresar a la casa en cuanto antes. Cuando su mujer se iba a jugar canasta, lo que era bastante frecuente, ellos aprovechaban para demostrarse lo mucho que se necesitaban. María quedó embarazada y, al saberlo, habló con la señora e inventó un pretexto y se despidió para siempre. El señor aceptó la situación y le alquiló una casita compuesta de una cocina, un cuarto dormitorio y una salita que servía a su vez de comedor. Don Jorge le amuebló la casita con lo necesario y no fallaba con su manutención. Le compró todo lo necesario e innecesario para ese primer hijo. Cuando nació el niño, María se llenó de felicidad y Don Jorge se sentía lleno de júbilo y el orgullo no le cabía en el pecho. Era un niño robusto, de piel trigueña, pelo negro azabache y sus ojitos delataban unos poderes mágicos que luego sabría usar para su bien y para su mal. A los pocos meses, salió embarazada una vez más y María no quiso pensar en su futuro. Tuvieron una hija que recibieron con alegría, pero nada cambiaba, todo seguía igual. Para el tercer hijo, ya María se inquietó algo, pero Don Jorge seguía feliz con su familia de sábados y domingos, cuando les traía a los niños regalos junto a un poco de diversión. Al nacer el cuarto hijo, una niña, ya María vio que todo seguía igual; que Don Jorge no proyectaba mudarse con ellos y tampoco le brindaba una solución al hacinamiento en que estaban viviendo en esa casita miserable. María le explicó la situación y él, con una sonrisa burlona, le dijo que ella sabía que él era casado y que era todo lo que le podía ofrecer. Ya era muy tarde para María darse cuenta que había puesto mucha fe en que un día Don Jorge viviría con ella y los niños. Poco a poco Don Jorge se fue alejando de los niños y María, aunque cumplía con su deber de padre. Con el tiempo, y ya los niños en la escuela, Don Jorge le enviaba la manutención con un chofer en un sobre sellado y unas letras para sus hijos.

Un sábado llegó un hombre vestido muy formal, con sombrero de felpa muy bonito y un maletín en la mano. Le anunció a María que Don Jorge había fallecido de un ataque al corazón fulminante y les había dejado a los niños una herencia de mil quinientos dólares para que fuera dividido entre los cuatro. A su esposa le había dejado la casa y un carro, que eran las únicas posesiones que tenían. En realidad, Don Jorge no tenía el capital que muchos habían figurado. A María se le fue el mundo, inmediatamente se sintió sola, desamparada, con cuatro hijos huérfanos de padre. Ahora no debía de pensar en ella, sino en el destino que ella misma les había creado a sus hijos y cómo hacer para criarlos sola. Esa cantidad de dinero no duraba ni para dos meses. Se sentía culpable; el amor a Don Jorge la había segado a tomar decisiones incorrectas y ahora eran sus hijos los que tenían que sufrir las consecuencias. No guardaba rencor en su corazón, aunque amargamente comprobó que la conducta de Don Jorge tampoco fue la correcta. Tendría que pensar en cómo sobrevivir a todo lo ocurrido, buscar soluciones. Sentó a sus hijos, les explicó sobre la muerte inesperada del papá y los niños se pusieron tristes, pero ya habían sentido la lejanía que el padre había creado entre ellos.

El sufrimiento de María se notaba a lejos. Su vecina, por curiosidad, le preguntó si le pasaba algo. María le contó y la vecina le platicó sobre una empresa de carnes que necesitaba que alguien le lavara y planchara los delantales, toallas y otras bagatelas. Al día siguiente, se levantó temprano y solicitó el trabajo; la aceptaron inmediatamente. Todos los miércoles la compañía le enviaba un cargamento de todo lo sucio y ella debía de devolverlo los sábados y, a su vez, cobraba su paga. Luego, muchas otras personas la procuraron para lavar y planchar. La casa González Padín también la contrató para que lavara y planchara las batas de las mujeres que vendían los cosméticos. Muchas otras casas y negocios importantes, además de familia de nombre, le solicitaban sus servicios por lo minuciosa que era con cada pieza. Muchas veces ella tuvo que rechazar encargos para no abarrotarse de trabajo. Así se fue reconociendo su labor de planchadora y teniendo éxito en la crianza de sus cuatro hijos.

Un lunes, bien de temprano, se levantó a lavar una ropa que debía. El lavadero estaba detrás de su casita, y no se sabe cómo se enredó su pierna derecha en un alambre de púas y justo en el espinazo recibió una herida bastante profunda. Subió a la casa, limpió la herida y se puso una venda. Regresó al lavadero hasta terminar con su trabajo. Esa noche, el dolor en la pierna no la dejó dormir. Su hijo mayor le dijo que fuera al médico que él presentía que ese accidente le iba a arruinar su vida. María, como siempre, se decía que no tenía tiempo para perder, que tenía mucho trabajo y si ella no lo hacía ellos no tendrían lo necesario para ir a la escuela. Ella soñaba con ver a sus hijos hechos unos profesionales, ella tenía que crearles un futuro.

Pasó el tiempo y la pierna de María no se curaba, al contrario, se le formó una llaga que no había planta que curara. Todos los días, María, se embetunada la pierna con manteca de ubre de vaca y encima se ponía una hoja de verdolaga y luego se calzaba una media que le llegaba a la rodilla. Como es de suponer, para planchar, María tenía que pasar casi todo el día de pie. La pierna cada día le molestaba más y, para aliviarse en algo, además de su mejunje, puso un banquito a su lado y con sus manos subía su pierna y la colocaba sobre el banquito como si fuera un jamón en su saco. Así, pasaba el día de planchar.

Un día, su hijo mayor, cansado de ver a su madre cargando con su pierna como si fuera una cruz, le pidió que le dejara ver su llaga. Ella se negó rotundamente y le agradeció su interés. El hijo insistió y ella, por fin, accedió. Él miró la llaga intensamente, y concentrándose, con su pensamiento atrajo la sanación de la pierna. El muchacho cayó desmayado a los pies de su madre debido al esfuerzo mental que sufrió. María se asustó y tomó a su muchacho en sus brazos y le rogó a Dios que se lo devolviera. El joven despertó, e inmediatamente comprendió que tenía el poder que hace un tiempo venía sintiendo; su poder mental funcionaba.

María, asustada aún, se bajó la media y removió la hoja. Su pierna estaba curada. Le preguntó a su hijo que cómo lo hizo y él le contestó que no lo sabía, que estaba experimentando. María le contestó que con los poderes no se experimenta, que tuviera cuidado y agradeciera a Dios el don que le había dado.

Al siguiente día, un martes de lluvia, truenos, rayos y centellas, María se levantó temprano. Ahora ya no se acostumbraba sin su pierna enferma; se levantó en medio de la noche para observársela, pues no lo podía creer. Sus hijos se levantaron con pocos deseos de ir a la escuela en un día tan decadente. Su hijo mayor se levantó lento, le dijo a su madre que se sentía raro y que no estaba dispuesto a ir a la escuela. Todavía andaba el muchacho en calzoncillos cuando María, sin proponérselo, miró su pierna derecha. Y sí, incrustada en la pierna de su hijo estaba la llaga de María más irritada que nunca.

La vida una vez más le daba otra bofetada en la cara.

10

Declaración antes de una posible perpetua

"Mal rayo sea la hora que me dio con pintarme las uñas de rojo jubilee, como las protagonistas del cuento de la Ferré. Porque la verdad es que desde que lo leí en la clase de literatura puertorriqueña en la UPR, que por cierto que bien escribe esa condená, me dio curiosidad por saber cómo se me verían mis uñas pintadas de ese rojo tan llamativo. Ese día, porque mis uñas, la verdad, son espantosas, fui y me di tremendo maniquiú, aunque tuve que hacer también tremendo sacrificio porque las cosas no están como empezaron, pero allí la muchacha se las ingenió para que mis manos lucieran bellas, gracias a las uñas postizas y *pintadas a todo color. Esa noche me arreglé, me vestí con todo el ritual que se debe hacer cuando uno es media fea y quiere aparentar algo. Me habían dicho unas amigas que allí cerca del Departamento de Justicia había varios lugares donde una podía ir y tal vez, quizás, posiblemente, probablemente, se podía pescar a un abogadito muerto de hambre, pero que siempre están dispuestos a pagarle un traguito a las chicas y bailar y pasar un buen rato que, claro, no cuesta nada. Además, hacer de todo un poquito pero sin obligaciones. Porque debo de aclarar que yo no tengo idea de casarme o involucrarme amorosamente con nadie. Después de lo que me pasó con Papo, ni pensarlo. Bueno, pues allí fui, y al azar escogí un lugar, que sería en realidad mi perdición. Era el Paquimar. Un sitio pequeño, atendido por la dueña y otras dos empleadas, con música de vellonera y más tarde apareció un tipo con una guitarra, que en su casa lo conocen, y cantó varias canciones viejas muy románticas. Para pasar el rato estaba bien, pero para ningún lao que va el tipo ese. Se me acercaron varios tipos, me saludaron amablemente, porque este no es un lugar para la prostitución, porque según tengo entendido había varias secretarias y algunas ejecutivas del Departamento. Al rato se apareció mi amiga Yeyita con varios amigos. Entre los amigos de Yeyita llegó el difunto, digo, todavía estaba vivo, pero era un tipo simpático. Se me acercó, se presentó y me pagó un trago, por cierto un "Bloody Mary." Después bailamos y empezamos a hablar sobre nosotros. Yo le dije que estaba trabajando en una farmacia a tiempo parcial y que estaba en mi segundo semestre en la UPR. Él me dijo que era ingeniero y que vivía solo en Miramar. Me contó de su apartamento, que ahora creo es el cuento que le hacía a todas, de cómo lo había decorado él solito, de cómo escogió los colores y de la fortuna que había invertido en todos los arreglos. Después, cuando todos se estaban despidiendo, él me invitó para que fuera a su apartamento para que viera todos los arreglos y apreciara lo buen decorador que era. Yo se lo agradecí, pero él me dijo que no me apurara, que él no esperaba nada de mí y que no acostumbraba llevar amigas a su casa. Yo, ni corta ni perezosa, consulté con mi amiga Yeyita y ella, que ya estaba ligada con otro, me dijo que fuera, que no fuera tonta que él era buena gente. Bueno, entonces le dije que sí al difunto, digo al tipo ese, que sí, que me gustaría mucho ver su apartamento. Cuando llegamos al apartamento y él abrió la puerta, había un olor exquisito, como a canela con vainilla, yo qué sé, un olor agradable. Él me sirvió una copa, puso música de Juan Luis Guerra, y me enseñó el apartamento. La verdad es que nunca había visto algo tan bonito, tan bien puesto. Bueno, usted vio el apartamento, demás está decirle. Pero, lo que más llamó mi atención fue el baño, tremendo baño, porque es espacioso y el yacusi, mi hermano, nunca había visto algo así. Se lo dije a él, que nunca había visto un baño así y que nunca me había metido en un yacusi, y él, tan amable, me dijo que esa noche sería la primera vez. Entonces, él preparó todo y puso el agua a correr, mientras el dominicano seguía cantando "Burbujas de amor." Cuando todo estuvo preparado, él me dijo que si quería nos podíamos meter los dos porque el yacusi era para dos personas. Yo lo pensé pues tenía que desvestirme y además no tenía otra ropa interior para cambiarme y la verdad es que la idea de estar los dos desnudos en el agua me daba un poco de temor. Yo le dije que lo pensaría. Así seguimos hablando y tomando las copitas. Al rato él me convenció y nos dispusimos a ir al yacusi. Él me dijo que fuera yo primero que él se iba a cambiar y luego se uniría a mí. Pensé que era buena idea, así no tenía que quitarme la ropa delante de él. Cuando él entró al cuarto de baño ya yo estaba gozando de las corrientes del agua, que la verdad son muy reconfortantes. Luego, él entró con dos copas y una toalla amarrada a su cintura que dejó caer y se metió al yacusi. Me dio mi copa y brindamos por mi primer "baño yacusil", según el difunto. Creo que los dos ya estábamos un poco bebidos, pero le aseguro que no estábamos borrachos. Él me invitó a bailar y yo eufórica de la alegría acepté. Todavía Juan*

Luis Guerra seguía cantando "Burbujas de amor." Cuando estábamos bailando él se tropezó o resbaló y se fue hacia atrás, yo traté enseguida de agarrarlo para ayudarlo a mantenerse de pie, y le enterré en su pecho la uña postiza del dedo del corazón de mi mano derecha, donde quedó clavada como un puñalito rojo. Él se restrelló contra la pared del yacusi y se cayó al agua que seguía en movimiento y la música del dominicano continuaba, había otra canción diferente que ahora no recuerdo, y yo riendo porque creía que era graciosa la forma que él cayó. Traté de ayudarlo a levantarse pero su cuerpo no cooperaba, además era muy pesado para mí sola. Lo llamé por su nombre y no contestaba. Entonces me asusté porque comprendí que algo malo le había pasado. Salí corriendo del yacusi, el piso estaba mojado porque con el golpe de su caída se desbordó el agua. Corrí hacia la puerta de entrada y en eso tocaron el timbre de la puerta. Inmediatamente abrí la puerta, así en pelota como estaba, y por suerte era Yeyita y los demás, que habían quedado con el difunto de pasar más tarde por su apartamento. Gracias a Dios que eran ellos. Yeyita me ayudó a vestirme y llamaron a emergencia, que vinieron casi en el acto, al igual ustedes, los de la policía. El resto ustedes lo saben. Pero, les juro por los huesos de mi madre que yo no maté a ese hombre, que me parta un rayo ahora mismo si yo he hecho algo así."

Esta grabación fue usada en el juicio que se le formuló a la joven Cristal Rodríguez al mes de haber fallecido el joven Demetrio Verdejo. El jurado encontró culpable a la acusada de asesinato en primer grado, ya que el fiscal logró probar que ella mató al ingeniero de forma alevosa, deliberada, premeditada, con intención de cometer robo, probando la coartada de que la acusada empujó tan fuertemente al susodicho contra la pared del baño, que le clavó en el pecho su uña del dedo del corazón de la mano derecha. Además, el fiscal tuvo como testigos principales a la joven Yeyita Feliciano y otro grupo de jóvenes amigos de la víctima. La condenaron a cadena perpetua. Hoy día la joven se encuentra recluida en la cárcel de mujeres.

Made in United States
Orlando, FL
11 March 2025